DOROTHEA FLECHSIG arbeitete viele Jahre als Journalistin für verschiedene Zeitungen und Magazine. Inzwischen veröffentlicht sie Geschichten für Kinder. Sie absolvierte eine Ausbildung zur Drehbuchautorin und unterrichtet Erwachsene und Kinder im Kreativen Schreiben.

KATRIN INZINGER arbeitet als Illustratorin, Character-Designerin, Trickfilmzeichnerin und Storyboarderin. Sie lebt mit ihrer Familie in Berlin.

Dorothea Flechsig

SANDOR

Der geheime Schwarm

Illustrationen von **Katrin Inzinger**

Glückschuh Verlag

Weitere Bücher und Hörbücher von Dorothea Flechsig im Glückschuh Verlag:

Petronella Glückschuh – Tierkindergeschichten
Petronella Glückschuh – Naturforschergeschichten

Sandor – Fledermaus mit Köpfchen
Sandor – Abenteuer in Transsilvanien
Sandor – Not macht erfinderisch

Pünktchen, das Küken
Pünktchen feiert Geburtstag

Chacha-Casha, das kleine Chamäleon

Ritter Kahlbutz, Besuch aus der Vergangenheit

Kleiner Dreckspatz Aurelia – Wasch dich doch mal!
Kleine Nachteule Aurelia – Schlaf doch mal!

© 2019 Glückschuh Verlag
Alle Rechte vorbehalten
Einband und Illustrationen: Katrin Inzinger
Covergrafik „Sandor": Christian Puille
Satz: Uta Munzinger
Druck und Bindung: CPI books GmbH, Leck
Printed in Germany 2019

Buch ISBN 978-3-943030-68-6
E-Book ISBN 978-3-943030-74-7

www.glueckschuh-verlag.de

INHALT

1. Kapitel
Frühe Fledermäuse fangen fette Fliegen!   7

2. Kapitel
Der Wissenschaft zuliebe   15

3. Kapitel
Ein Unglück kommt selten allein   27

4. Kapitel
Neue Erkenntnisse   38

5. Kapitel
Stilles Land   48

6. Kapitel
Ein Neuanfang   56

7. Kapitel
Die Blutbär-Bande   61

8. Kapitel
Vier Freunde in geheimer Mission   70

9. Kapitel
Der geheime Schwarm   75

10. Kapitel
Es gibt immer ein Für und Wider   82

11. Kapitel
Fest im Schulgarten   91

Wissenswertes über Fledermäuse und
Umweltgifte   99

1. Kapitel
Frühe Fledermäuse fangen fette Fliegen!

Vom lauten Rufen wird Jendrik wach. „Schnell, aufstehen!" Seine Mutter Freyja schlurft in Pantoffeln den Flur entlang an seiner Zimmertür vorbei. „Wir haben verpennt!"

Nun klappert sie mit Geschirr in der Küche herum. Jendrik greift nach seinem Wecker. Es ist 13 Minuten vor acht. Wie soll er jetzt noch rechtzeitig zur Schule kommen? Warum hat ihn sein bester Freund Sandor, die Fledermaus, nicht geweckt? Seitdem Sandor jede Nacht bei ihm schläft, wird er morgens immer von seinem Geplapper wach. Sandor hört auf sein Fledermausbauchgefühl, er lauscht seiner inneren Fledermausuhr, die immer etwas früher als der Wecker von Freyja Alarm schlägt.

Jendrik setzt sich schlaftrunken auf den Bettrand. Sein kleiner Bruder Tom kommt barfuß im Schlafanzug herein und lächelt verschmitzt. Hinter ihm trottet der Hund

Lupo, der sich gleich müde auf den Teppich fallen lässt und weiterschläft.

„Was gibt es da zu grinsen, zieh dich lieber an!", motzt Jendrik.

„Nö, mach du doch!" Tom hüpft auf sein Bett und kuschelt sich unter die Decke.

„He, vergiss es! Raus da! Ich komm nicht wegen dir zu spät zur Schule."

Tom stupst sich seelenruhig das Kissen zurecht, verschränkt lässig die Arme unterm Kopf und antwortet: „Wegen mir kommst du bestimmt nicht zu spät."

Jendrik zerrt sein T-Shirt unter Lupo hervor und zieht es über. Er ist zu müde und zu faul, um ein frisches aus dem Schrank zu holen. Er schlüpft in seine Jeans und sagt: „Mir reicht's. Ich fahr mit dem Rad. Da muss ich nicht auf dich und Mama warten."

„Du hast dein T-Shirt verkehrt rum an", kichert Tom und schließt die Augen.

Jetzt streckt Freyja ihren Kopf ins Zimmer. „Sorry, meine Schuld! Kannst wieder schlafen. Heute ist Feiertag. Mariä Himmelfahrt. Kam gerade im Radio. Hatte ich total vergessen."

Tom fängt an zu kichern.

„Sehr lustig", erwidert Jendrik und zieht seine Hose wieder aus. Er schlüpft neben Tom unter die Decke.

„Zum Glück ist Maria in den Himmel gefahren, ohne sie wärst du heute zu spät zur Schule gekommen", sagt Tom.

Jendrik kickt ihn leicht mit dem Ellbogen an und murmelt müde: „Mach dich nicht so breit!" Er ärgert sich ein bisschen, dass er den christlichen Feiertag, genauso wie seine Mutter, vergessen hat. „Woher weißt du Knirps, dass wir heute frei haben?", fragt er Tom.

„Von meiner Kindergärtnerin. Sie hat gestern beim Verabschieden mehrmals ‚Bis übermorgen!' gesagt."

Jendrik schaut sich in seinem Zimmer um und wundert sich, warum er Sandor nicht sieht. Der Frühaufsteher ist sonst immer als Erster wach und begrüßt ihn mit flotten Sprüchen. Zum Beispiel: „Aufgewacht, frisch gemacht! Nur die frühe Fledermaus fängt fette Fliegen!"

„Komisch! Sandor schläft heute aber tief und lang", denkt Jendrik.

Ihren Schlafplatz wechselt die Fledermaus oft. Angeblich, um Fliegen, Mücken und Spinnen zu irritieren und zu überraschen. Tatsächlich hat Jendrik, seit Sandor bei ihm wohnt, in seinem Zimmer keine Fliege, keinen Weberknecht und keine Spinne mehr gesehen. Mal schläft Sandor unterm Bett, mal quetscht er sich zwischen den Schrank und die Wand. Mal schnarcht er hinter den Büchern im Regal oder auch an der Gardinenstange hinterm Vorhang. Er versteckt sich so geschickt, dass sogar Jendrik ihn manchmal im eigenen Zimmer suchen muss und ihn nur schwer findet. Hin und wieder kuschelt er sich auch in der Nacht an Jendrik.

Jendrik schläft neben Tom ein.

Erst als seine Mutter am späten Vormittag mit dem Staubsauger ins Zimmer kommt, wacht er auf. Tom spielt bereits in seinem Zimmer.

Endlich verschwindet Freyja samt Staubsauger wieder. „Sandor? Sandor? Wo bist du?", flüstert Jendrik. Sein Freund hängt nicht hinterm Vorhang, nicht an der Lampe, ist nicht unterm Bett. Nirgends. Das Fenster ist gekippt. Er kann also jederzeit rein- und rausflattern, wie es ihm beliebt. „Bist du da?", fragt Jendrik erneut. Kein Sandorstimmchen weit und breit. Nur ein gedämpftes „Brumm, brumm, tüt, tüt, tatü, tata!", dringt durch die Wand. Tom spielt nebenan mit seinen Spielzeugautos.

Jendrik wäscht sich, putzt Zähne und nimmt sich einen Apfel aus der Obstschüssel vom Tisch. Er setzt seine Lieblingsmütze auf und macht sich auf den Weg. Bestimmt ist Sandor wieder bei seiner Klassenlehrerin Frau Schmidt und beobachtet sie heimlich durchs Fenster, um ihre neuesten Zaubertricks auszuspionieren. Frau Schmidt leitet in der Schule eine Zauber-AG.

Sandor ist begeistert von ihren Tricks. Da sie aber manche ihrer magischen Geheimnisse nicht verraten will, spioniert er sie heimlich aus. Das hat er in den letzten Tagen schon öfters gemacht. Jendrik beschließt, ihn dort zu suchen. Gerade als er die Wohnungstür öffnet, ruft seine Mutter: „Halt, wo gehst du hin?"
„Nur ein bisschen raus."
„Ohne Frühstück?"
„Hab keinen Hunger. Bis später!"
„Um 14:30 Uhr habe ich einen Termin mit deinem Vater beim Anwalt. Typisch Anwälte, die machen wirklich alles, die arbeiten auch an Feiertagen. Also denk bitte daran und sei rechtzeitig zurück, damit Tom nicht allein ist! Okay?!"
„Ja! Geht klar", murmelt er und wirft die Wohnungstür hinter sich zu, springt die Treppe im Flur hinunter und denkt: „Wenn ich erwachsen bin, bin ich nicht so bescheuert. Verlieb mich erst, mach Kinder, entlieb mich einfach wieder, verlieb mich wieder neu in eine andere, bekomm neue Kinder und bequatsch dann alles mit einem teuren Anwalt."

Jendrik schnappt sein Fahrrad und radelt los. Er ist traurig und irgendwie auch wütend. Ausgerechnet jetzt ist sein bester Freund Sandor verschwunden. Ob er ihn wirklich zuerst bei Frau Schmidt suchen soll?

2. Kapitel
Der Wissenschaft zuliebe

Das kleine hellgelbe Haus von Frau Schmidt ist umringt von blühenden Sträuchern. „Hey, Sandor, bist du hier irgendwo?"

Jendrik schleicht geduckt am Zaun entlang. Er will nicht, dass seine Klassenlehrerin ihn sieht.

Aber sein lieber Fledermausfreund ist nicht da. Frau Schmidt scheint auch nicht zu Hause zu sein, denn das Garagentor steht offen und ihr Auto ist fort.

Er überlegt, wo er weitersuchen soll. Sandor könnte überall sein. „Das ist wirklich eigenartig, dass er schon am Morgen fort ist und auch über Stunden nicht zurückkommt. Das sieht ihm überhaupt nicht ähnlich. Das passt nicht zu Sandor. Vielleicht warte ich doch lieber zu Hause auf ihn", denkt Jendrik. Er nimmt sein Rad und macht sich wieder auf den Heimweg.

Heute ist ein komischer Tag. Der Himmel ist bewölkt und die Straßen sind fast menschenleer. Eine seltsame Stimmung. Jendrik grübelt darüber nach, dass Sandor täglich vielen Gefahren ausgesetzt ist. Hoffentlich ist ihm nichts passiert!

Jendrik fährt langsamer. Vor ihm steht eine Frau mit einem kleinen Mädchen am Straßenrand. Beide blicken ernst auf den Boden. Die Mutter ermahnt ihre Tochter: „Nein, nicht anfassen! Die ist womöglich krank. Sie könnte Tollwut haben."

Jendrik hält an und erkennt eine Fledermaus auf dem Asphalt. „Oh nein! Ist das Sandor?", erschrickt er. Hektisch lässt er sein Fahrrad fallen und bückt sich. Jetzt sieht er, dass es zum Glück nicht Sandor ist. Es ist eine Mopsfledermaus. Sie liegt auf dem Rücken, zuckt komisch und windet sich hin und her. Jendrik merkt sofort, dass sie leidet, und will ihr helfen. „Haben Sie ein Taschentuch, bitte?", fragt er die fremde Frau.

Sie kramt in ihrem Korb. „Was hast du vor? Sie könnte dich beißen!" Die Frau reicht Jendrik gleich mehrere Taschentücher. Jendrik fasst die arme, kleine Fledermaus vorsichtig an den Füßen

mit einem Taschentuch an und legt sie behutsam in seine Mütze. Sie zappelt darin seltsam weiter.

„Komm, wir gehen!", sagt die Mutter zu ihrem Kind. Sie nimmt das Mädchen an die Hand und wendet sich ab.

Jendrik hält seine Mütze wie einen kleinen Beutel am Lenker. Er radelt, so schnell er kann. Während der Fahrt stoppt er mehrmals und wirft einen Blick auf das kranke Flattertier. Die kleine Fledermaus atmet schnell. Sie blickt ihn angsterfüllt aus ihren runden Augen an. Ganz zerzaust und schwach sieht sie aus. Jendrik beeilt sich. Er will Sandor um Rat fragen. Hoffentlich ist er inzwischen endlich zu Hause.

Als er daheim ankommt, bewegt sich die Fledermaus nicht mehr. Jendrik bricht von einem Strauch ein Ästchen ab. Damit berührt er die Fledermaus vorsichtig. Aber sie reagiert nicht. Jendrik erkennt, dass sie nicht mehr lebt.

Ein trauriger Tag! Seine Mutter und sein Vater streiten beim Anwalt. Sandor ist einfach weg, und der kleinen Mopsfledermaus konnte er auch nicht helfen.

Jendrik weiß nicht, was er machen soll. Behutsam legt er die Fledermaus auf seinen Schreibtisch. Warum bloß musste die Kleine sterben?

Nebenan spielt Tom vertieft in seinem Zimmer. Jendrik sucht nach Sandor. Aber der bleibt verschwunden.

Ihm kommt in den Sinn, dass vor einiger Zeit eine Nachbarin seiner Mutter erzählte, ihre geliebte Katze sei vergiftet worden. Von einem Tierhasser. Solche schrägen Leute gibt es. Manche hassen Katzen, Hunde und bestimmt auch Fledermäuse.

Jendrik hat eine Idee. Er sucht im Telefonbuch nach einem Tierarzt. Aber in der Praxis von Dr. Brunner geht nur der Anrufbeantworter an. Wegen des Feiertags hat er nur Notdienst. Kurzentschlossen wählt Jendrik die dafür angegebene Mobilfunknummer und erreicht ihn sofort.

„Wenn deine Fledermaus schon tot ist, kann ich doch nicht mehr helfen", wundert sich der Tierarzt.

„Könnten Sie aber bitte herausfinden, woran sie gestorben ist?"

Nach einem längeren Telefonat rät Dr. Brunner, die tote Fledermaus nicht ohne Handschuhe anzufassen und in eine Plastikbox zu legen. „Am besten ist, du frierst sie erst einmal ein!", rät er. Morgen Nachmittag könne Jendrik sie ihm vorbeibringen. „Okay, das mach ich", antwortet Jendrik und legt auf.

Endlich kommt Sandor angeflattert. Er sei schon sehr früh aufgestanden und das habe sich gelohnt, denn er konnte Frau Schmidt heimlich beobachten. „Sie hat einen tollen neuen Zaubertrick geübt! Den kann ich jetzt auch. Leider ist sie unerwartet aufgebrochen und hat mich in ihrem Haus eingeschlossen. Ich musste warten, bis sie wieder nach Hause kam."

Sandor will Jendrik den neuen Trick gleich vorführen. Er krallt sich kopfüber am Regal fest, aber da sieht er die tote Fledermaus. „Oh, wie furchtbar!", ruft er entsetzt. „Was ist passiert?"

„Ich hab sie auf dem Gehweg an der Dorfstraße gefunden. Ich wollte ihr helfen, aber leider ist sie gestorben."

Sandor hält sich mit einem Flügel die Augen zu. „Wie schlimm!", flüstert er traurig. Es ist einen Moment ganz still im Zimmer. Dann flattert Sandor an den Tischrand und tippt die regungslose Fledermaus vorsichtig an. „Die arme Kleine."

Jendrik verlässt das Zimmer, geht in die Küche und kommt kurze Zeit später wieder zurück.

„Was hast du vor?", fragt Sandor.

Jendrik öffnet eine blaue Plastikbox. „Ich muss sie einfrieren."

„Was? Einfrieren? Pfui! Wieso denn?", kreischt Sandor entsetzt. „Tsss, tsss. Klick-klick! Das ist ja gruselig!"

„Ich will sie vom Tierarzt untersuchen lassen."

„Aber wieso und warum?"

„Ich glaube, sie wurde von einem bösen Menschen vergiftet, der Fledermäuse und Katzen hasst. Dann wärst auch du in Gefahr, Sandor! Und dir darf auf keinen Fall etwas passieren!"

Sandor macht ein ernstes und nachdenkliches Gesicht. Er ist empört: „Warum sollte jemand Fledermäuse hassen und absichtlich vergiften? Bei Katzen ist das eher nachvollziehbar." Sandor fügt mit erhobener Stimme hinzu: „Die fressen sogar Fledermäuse! Wunderbare Fledermäuse, mit zarten Flügeln, einem sensiblen Gehör, Teamgeist und Intelligenz. Wir sind wunderschöne Geschöpfe und ganz bestimmt kein Katzenfutter." Sandor hält erschrocken inne. „Aber du könntest recht haben. Ich habe in der letzten Zeit schon öfters von Artgenossen gehört, dass es einigen von uns schlecht geht."

„Wir werden dem auf den Grund gehen", beruhigt ihn Jendrik. Um die kleine Fledermaus untersuchen zu lassen, muss sie erst einmal auf Eis gelegt werden. Sandor findet das zwar äußerst unschön, aber er vertraut seinem besten Freund.

Bevor Jendrik den Deckel der blauen Plastikdose schließt, ruft Sandor: „Halt, warte! Ein bisschen Ehrerbietung muss sein." Er flattert in die Küche und zwickt vom Blumenstrauß, der auf dem Küchentisch steht, alle Rosenblütenköpfe ab. Sandor legt sie behutsam um die kleine Fledermaus in die Box. Dann schnalzt er in komischen unverständlichen Lauten.

„Was machst du?", wundert sich Jendrik.

„Pssst, ich singe für sie ein Abschiedslied", flüstert Sandor. Fledermausgesang ist etwas

gewöhnungsbedürftig. Es klingt wie Knacken und Schnalzen. Jetzt wird der Sandorgesang noch intensiver. Es hört sich so an, als würde er in hohen Tönen schmatzende Küsschen in die Luft werfen.

Als Sandor sein Lied beendet hat, schiebt Jendrik die Dose samt Mopsfledermaus und Blumenblüten ins Gefrierfach neben die Spinatpackung und die Fischstäbchen. Er versteckt sie extra weit hinten im Eisfach, damit seine Mutter Freyja sie nicht findet.

3. Kapitel
Ein Unglück kommt selten allein

Jendrik macht Hausaufgaben, obwohl heute Feiertag ist. Tom malt neben ihm am Küchentisch ein Bild, und Sandor ist schon wieder unterwegs. Er will mit anderen Fledermäusen sprechen und mehr darüber herausbekommen, warum die kleine Fledermaus gestorben sein könnte.

Tom spitzt ungeschickt einen roten Buntstift an. Er bröselt kleine Holzspäne auf den Küchenboden. „Ob sich jetzt Papa und Mama vorm Anwalt streiten?", fragt er besorgt.

„Und wenn schon. Kann uns doch egal sein", murmelt Jendrik.

Tom zeigt auf sein Bild. Darauf sind lauter Krickelkrakel-Strichmännchen. Er deutet mit dem Zeigefinger auf seine Zeichnung. „Das ist Mama. Das bist du. Das bin ich und das ist unsere halbe Schwester Pia. Ich hab ihr einen roten Kopf gemalt, weil sie immer so rot im Gesicht ist. Schau, das hier ist Lupo! Er schnüffelt an Pias Ohr."

„Das heißt Halbschwester und nicht halbe Schwester", verbessert ihn Jendrik. „Merk dir das doch mal!"

Aber sie ist nur halb so groß wie ich!", verteidigt sich Tom. „Quatsch, sie ist viel kleiner. Höchstens viertelgroß."

„Genau, sie ist eine Zwergin." Tom malt ihr eine Zwergenmütze auf den Kopf.

Jendrik schaut sich das Bild genauer an. Seiner Meinung nach fehlen noch drei auf dem Bild.

Sandor fehlt. Die neue Freundin von ihrem Vater, Carmen, und Freyjas neuer Freund Dr. Hans Belz, der Kinderpsychologe, fehlen auch. Erst dann wäre das Familienbild komplett. Aber Jendrik sagt nur kurz: „Schön!"

Da spitzt Lupo seine Ohren, wedelt heftig mit dem Schwanz und stellt sich winselnd und erwartungsvoll vor die Tür. Jetzt hören auch die beiden Brüder Stimmen im Flur. Lupo bellt vor Freude. Jendriks Mutter und sein Vater kommen. Sie wirken angestrengt. Lupo begrüßt Freyja stürmisch und springt an ihr hoch.

„Euer Papa wollte euch auch mal wieder sehen! Denn er bleibt nicht lange hier in Deutschland. Freyja wirft ihre Jacke und ihre Handtasche auf einen Sessel und kocht gleich einen Kaffee.

Tom ruft: „Papa, Papa!" und läuft ihm entgegen. Er hält ihm sofort stolz sein Bild unter die Nase. „Für dich!"

Sein Vater nimmt Tom auf den Arm und sagt: „Danke. Das ist aber schön." Tom zeigt auf jedes Strichmännchen und erklärt, wer wer ist. „Da fehlt aber Carmen noch", bemerkt sein Vater.

Tom antwortet kurz: „Für die war kein Platz mehr auf dem Papier."

„Hans fehlt auch!", fügt Jendrik hinzu.

„Wer ist Hans?", fragt sein Papa.

Freyja verdreht genervt die Augen, räumt die Malstifte zusammen ins Mäppchen und stellt Tassen auf den Tisch.

„Mamas Freund", sagt Tom.

Freyja fährt Tom über den Mund: „Quatsch doch nicht. Hans und ich, wir sind nur Freunde."

Tom wundert sich und macht ein verständnisloses Gesicht. „He, ja, genau das hab ich doch gesagt!"

Jendrik weiß nicht, wie er sich verhalten soll. Umarmen will er seinen Vater nicht. Er begrüßt ihn mit einem kühlen „Hallo!".

Während sein Vater Lupo streichelt, öffnet Freyja den Kühlschrank. „Ich hab noch Windbeutel, die kann ich aufbacken."

Freyja wühlt im Gefrierfach, während Jendrik seinem Vater die Hausaufgaben zeigen soll.

Jendrik hat keine Lust. Was interessiert seinen Vater plötzlich seine Schule? Aber er will auch keinen Streit. Also erklärt er ihm, was da in seinem Aufgabenheft steht.

„Ihh, bäh!", schreit Freyja plötzlich und lässt die blaue Plastikdose auf den Boden fallen.

„Igitt, was ist das denn?"

„Eine tote Fledermaus", antwortet Jendrik. Lupo schnuppert daran. „Weg, Lupo!", befiehlt Jendrik streng und zieht den Hund am Halsband zur Seite.

Die tote Fledermaus liegt nun auf dem Küchenboden, um sie herum sind die Rosenblüten verstreut. „Warum ist die in meinem Kühlschrank?", fragt Freyja.

„Für wissenschaftliche Untersuchungen!", antwortet Jendrik. Er räumt die Fledermaus und die Blumen schnell wieder zurück ins Gefrierfach.

Freyja setzt sich an den Tisch und schenkt sich einen Kaffee ein. Vorwurfsvoll ermahnt sie Jendriks Vater: „Kannst du bitte ausnahmsweise die Erziehung übernehmen, wenigstens für fünf Minuten? Ich will nämlich einmal in Ruhe meinen Kaffee trinken!"

Freyja schaut kopfschüttelnd auf die Blumenvase vor sich. Darin stecken nur grüne Rosenstiele mit grünen Blättern ohne Blütenköpfe. „Ach, und meine schönen Rosen gehören auch zu deinen wissenschaftlichen Untersuchungen?"

„Nein, das war ich nicht!", protestiert Jendrik.

„Wer hat dann meinen Blumenstrauß gerupft?" Freyja blickt Tom vorwurfsvoll an. „Warst du das?"

„Nein, das war Sandor!", flüstert Jendrik verlegen.

Freyja zeigt auf den Kühlschrank. „Ist das da drin etwa Sandor?"

Jendrik schüttelt den Kopf. „Nein, Sandor ist gerade nicht da! Er stellt Nachforschungen

an, ob vielleicht ein Verbrechen vorliegt. Womöglich wurde diese Mopsfledermaus böswillig ermordet!" Tom findet das anscheinend amüsant. Er grinst. Freyja nicht. Sie versucht aber ruhig zu bleiben. Entschieden holt sie die Dose wieder aus dem Eisfach. „Hier, wirf sie samt Inhalt unten in die Mülltonne! Bitte!" Sie greift nach den Blumenstielen und drückt sie Jendrik auch in die Hand. „Die nimmst du gleich mit!"

„Ich kann Hans anrufen, ob er dir neue Blumen schenkt. Das macht er bestimmt!", meint Tom.

„Scheint ja sehr nett zu sein, dieser Hans", sagt Jendriks Vater und nimmt sich Kaffee.

„Das ist der Kinderpsychologe, der es ganz normal findet, dass sich Jendrik mit einer sprechenden Fledermaus unterhält", erklärt Tom. „Mama hat sich in ihn verliebt."

Freyja seufzt tief und Jendriks Vater nickt. „Ah, ein Psychologe, das passt ja gut!"

„Was soll das wieder heißen?", erwidert Freyja. Jendriks Vater wechselt das Thema. „Was für Untersuchungen willst du denn machen?", fragt er Jendrik.

„Doch nicht ich, der Tierarzt, Dr. Brunner. Ich habe mit ihm telefoniert, und er will die Todesursache morgen herausfinden."

„Hm, aber ist es nicht eigentlich egal, ob die Fledermaus verhungert, verdurstet oder an irgendeiner Krankheit gestorben ist? Tot ist tot, sie wird nie mehr lebendig", fragt Jendriks Vater und nimmt einen großen Schluck Kaffee.

„Nein, ist es nicht! Vielleicht wurde sie absichtlich vergiftet, oder es gibt eine Fledermausseuche. Das muss ich doch wissen!"

„Eine Fledermausseuche! Dann ist es ja noch schlimmer, dass sie hier bei uns neben den Fischstäbchen liegt", stöhnt Jendriks Mutter.

„Und wer soll das bezahlen? So eine Untersuchung kostet doch?", fragt sein Vater.

„Ich bezahle das von meinem Taschengeld."

„So viel hast du vielleicht gar nicht!"

„Aber ihr habt genug, um vor einem Anwalt rumzustreiten!"

Jendrik wirft mit Wucht die Rosenstiele in den kleinen Mülleimer unter der Spüle. Er legt die Dose wieder zurück ins Eisfach und will in sein Zimmer gehen. Aber sein Vater hält ihn an der Hand fest. „Bitte bleib! Lass uns in Ruhe reden."

Für einen Moment ist es still. Dann erklärt ihm sein Vater, dass sich Freyja und er gut geeinigt haben. „Ich werde euch nun mehr unterstützen. Auch dein Taschengeld werde ich ab sofort aufbessern!" Er zieht seinen Geldbeutel aus der Hosentasche und öffnet ihn.

„Ich brauche kein Geld von dir", sagt Jendrik und wendet sich ab.

„Wenn dir das so wichtig ist, herauszufinden, woran die Fledermaus gestorben ist, werde ich für dich die Tierarztrechnung bezahlen. Hauptsache, dass wir uns wieder besser verstehen."

Freyja schüttelt den Kopf. „Du machst es dir wieder schön leicht."

„Was habe ich denn jetzt schon wieder falsch gemacht?", fragt sein Vater.

Jendrik ist das alles zu viel. Warum müssen seine Eltern so oft streiten! Hat er daran schuld? Jendrik weiß, dass sich seine Mutter immer um ihn sorgt, wenn er von seinem Freund Sandor erzählt. Sein Papa glaubt bestimmt auch, er habe sich Sandor nur ausgedacht, um einen kleinen Freund zu haben, der immer für ihn da ist. Hätte er lieber gar nichts gesagt.

„Na, komm mal her!", sagt sein Vater und zieht ihn an sich heran. Lange nimmt er ihn in den Arm. Jendrik spürt, dass er seinem Vater wirklich etwas bedeutet. Das ist ein schönes Gefühl, aber auch irritierend. Denn gleichzeitig bemerkt er, dass ihm diese Nähe oft fehlt.

4. Kapitel
Neue Erkenntnisse

Jendrik ist froh, dass heute wieder Schule ist. Er hofft, das bringt ein bisschen Ordnung ins Leben und lenkt von all den schweren Gedanken ab. Nach der Schule will er gleich zum Tierarzt. Da wird er endlich erfahren, warum die kleine Mopsfledermaus gestorben ist.

In der Klasse ist ihm jedes Gesicht vertraut. Von jedem Einzelnen kennt er mindestens eine Macke und eine Stärke. Das ist ein beruhigendes Gefühl. Obwohl er manche nicht besonders mag oder wenig mit ihnen zu tun hat. Jendrik ist froh, dass Lilli neben ihm sitzt. Sie ist immer hilfsbereit und lustig. Wenn sie nervös ist, wickelt sie eine Haarsträhne immer wieder um ihren Zeigefinger. Das macht sie auch, wenn sie vertieft nachdenkt. Und Lilli sagt ehrlich ihre Meinung. Das mag er an ihr.

Frau Schmidt teilt gerade die korrigierten Aufsätze aus. „Schade, Jendrik, leider nur eine 3 minus. Viele Fehler. Was ist los? Du kannst das besser. Ich würde gerne mit deiner Mutter reden. Ich gebe dir nachher eine Einladung."

Jendrik sieht seinen Aufsatz an. Das sind tatsächlich viele Fehler. Er hat sogar seinen Namen falsch geschrieben. Statt Jendrik Franke hat er Jenbrik Franke geschrieben. Er hat das d und das b vertauscht. Das ist ja total peinlich.

„Eine 3 ist doch sehr gut!", tröstet ihn Friedrich. Friedrich ist der Stärkste in der Klasse, aber seine Noten sind oft schlecht und er hat keine Geduld. Wenn etwas nicht so läuft, wie er es sich wünscht, flippt er oft aus und wird laut.

Jendrik lauscht, was Frau Schmidt zu ihm sagt. „Friedrich, ich habe dir noch eine Fünf gegeben, aber eigentlich ist das alles kaum zu entziffern. Damit du das Klassenziel noch erreichen kannst, musst du viel mehr Rechtschreibung üben. Wir müssen Förderunterricht für dich beantragen. Dazu muss ich dringend mit deiner Mutter reden. Warum kommt sie nie, wenn ich sie einlade?"

Friedrich wird rot im Gesicht. Er tut Jendrik leid. Früher konnte er ihn nicht ausstehen. Friedrich war ein Stänkerer. Aber inzwischen hat Jendrik ihn eigentlich gern.

Nach dem Deutschunterricht steht Naturwissenschaft auf dem Stundenplan. Der Biologielehrer Herr Pohl erklärt der Klasse, wie aus einer Blüte eine Frucht wird. Die Bestäubung ist wichtig. „Wer kann mir mehr darüber sagen?"

Jendrik meldet sich heftig.

„Ja, Jendrik!"

„Warum gibt es immer weniger Insekten?"

Herr Pohl ist überrascht. „Du fragst bestimmt wegen der Schlagzeilen zum Bienensterben? Aber das gehört nicht in den Unterricht eurer Klassenstufe. Also, was wisst ihr über Bestäubung?"

Herr Pohl dreht sich um, malt eine rosa Blüte an die Tafel und daneben eine fliegende Kugel.

„Das soll eine Hummel sein!", erklärt er.

„Wer von euch kennt noch andere Insekten?"

„In welche Klasse gehört denn das Bienensterben?", will Jendrik wissen.

„Das ist Lernstoff für ältere Schüler. Dazu seid ihr noch zu jung", antwortet Herr Pohl.

Ein Raunen und Getuschel geht durchs Klassenzimmer. Viele Kinder haben schon vom Bienensterben gehört und wollen mehr wissen.

Herr Pohl seufzt. „Gut, dann sprechen wir in der nächsten Stunde darüber."

Der Schultag geht schneller als gedacht vorüber. Der Rollokasten über Jendrik bleibt leer. Sandor wollte heute nicht mit zur Schule. Er habe etwas wirklich ganz Wichtiges zu tun. Mit diesen Worten hatte er sich verabschiedet, bevor es zur ersten Stunde klingelte. „Wir treffen uns später beim Tierarzt!", hatte er noch gerufen und kurz vor dem Schulgebäude die Kurve gekratzt.

Zu Hause steht Jendriks Mutter am Herd. „Warum sind vier Teller gedeckt?", wundert sich Jendrik. Er streift die Jacke ab und wirft sie und den Schulranzen auf den Sessel.

„Häng das bitte auf!", befiehlt seine Mutter.

„Du wirfst dein Zeug auch immer hin!", antwortet Jendrik.

Freyja sieht ihn streng an. Jendrik gehorcht lieber und hängt seine Jacke brav an die Garderobe.

„Weil dein Vater Tom abholt und bestimmt auch Hunger hat, ist der Tisch heute für vier gedeckt", antwortet Freyja und kippt einen Schluck Sahne auf das Gemüse in der Pfanne.

„Was ist das?"

„Gesund und lecker!"

Das sieht tatsächlich gut aus. Jendrik wundert sich. „Jetzt, wo ihr geschieden seid, brauchst du dir doch keine Mühe mehr geben."

„Das mach ich für euch!" Freyja pustet auf ihren Probierlöffel. „Und auch wenn wir nicht mehr zusammenleben, kann er trotzdem bei mir ein gutes Essen bekommen. Übrigens werden wir ein Leben lang miteinander verbunden sein. Weil wir beide euch lieb haben."

„Frau Schmidt will mit dir reden", sagt Jendrik.

„Warum denn?", will Freyja wissen.

„Weil ich eine 3 minus im Aufsatz habe."

„Eine 3 minus geht doch noch! Hab schon einen Schreck bekommen." Sie rührt weiter in der Pfanne herum. „Oder hast du etwas angestellt?"

Jendrik trinkt einen großen Schluck Apfelsaft. „Nee!" Er blubbert ins Glas.

Lupo bellt und die Klingel läutet. Lupo weiß immer schon, dass jemand kommt, kurz bevor es klingelt. Jendrik öffnet Tom und seinem Vater die Wohnungstür.

Tom ist ganz aufgekratzt. Er zählt auf, was er in den Tagen, die sein Vater noch da ist, mit ihm alles machen will. Er will mit ihm in den Zoo, zur Kletterwand, ins Spaßbad, Kettcar fahren, ins Kindermuseum, zur Trampolinarena ...

„Wann fliegt dein Flugzeug nach Norwegen?", fragt er.

„In neun Tagen."

Tom zählt an seinen Fingern ab.

„Das ist eine Woche plus zwei Tage", erklärt sein Vater. „Aber Carmen kommt übermorgen mit der kleinen Pia nach. Dann ist Trampolin und Kettcar nicht so passend."

Jendrik kramt die Plastikdose mit der gefrorenen Fledermaus aus dem Gefrierfach hervor und verstaut sie in einem Stoffbeutel.

„Bin froh, wenn die endlich weg ist", sagt Freyja. „Willst du nicht mit uns essen?"

Jendrik hat leider keine Zeit. Lust hätte er schon. Schon lange hatten sie kein gemeinsames Mittagessen mehr. Wie schade, dass er gerade jetzt nicht dabei sein kann. Beim Gehen hört er noch, wie seine Mutter erzählt, dass Frau Schmidt mit ihr reden will. Der Vater erkundigt sich, warum, aber Tom plappert einfach dazwischen. Er will in den Zoo.

„In den Zoo können wir Lupo nicht mitnehmen!", erwidert seine Mutter.

„Doch, können wir!", entgegnet Tom. „Ich will Lupo die Wölfe zeigen!"

Beim Tierarzt muss Jendrik lange warten. Endlich wird sein Name aufgerufen. Jendrik reicht Dr. Brunner die Fledermausbox. Der Arzt zieht Plastikhandschuhe an, öffnet die Dose und nimmt die noch immer gefrorene Fledermaus mit einer Pinzette heraus. Den Behälter samt Rosenblüten gibt er Jendrik zurück. Er schaut sich die Fledermaus unter einer Vergrößerungslampe genau an und sagt: „Hm, die sieht unterernährt aus. Vielleicht ist sie verhungert."

„Könnte es auch sein, dass sie von einem Tierhasser vergiftet wurde?", will Jendrik wissen.

„Das glaube ich eher nicht!", entgegnet der Tierdoktor. „Aber ich habe einen Freund, einen Wissenschaftler, der das sicher herausbekommen kann. Ich müsste ihm die Fledermaus schicken."

„Was kostet so eine Untersuchung?", fragt Jendrik.

„Vielleicht 200 bis 260 Euro."

„So viel Geld?"

Der freundliche Tierarzt legt Jendrik seine Hand auf die Schulter. „Du bist ein echter Fledermausfreund, stimmt's?"

Jendrik nickt.

„Mich interessiert auch, warum die arme Fledermaus gestorben ist. Ich versuche mich darum zu kümmern, ohne dass es zu teuer wird."

Wie verabredet, erwartet Sandor Jendrik bereits vor der Tierarztpraxis. „Die Mopsfledermaus hatte wahrscheinlich zu wenig Nahrung", erzählt Jendrik. „Oder sie wurde vergiftet. Der Tierarzt meldet sich, wenn er mehr weiß."

„Das passt genau zu meinen Recherchen!", raunt Sandor. „Ich muss dir gleich etwas zeigen!"

5. Kapitel
Stilles Land

Sandor ist sehr aufgeregt. Er will Jendrik unbedingt zeigen, was er inzwischen herausbekommen hat. Er hat mit vielen anderen Fledermäusen gesprochen. „Einige Fledermäuse wollen wegziehen. Sie müssen so viel umherflattern, um genug Nahrung zu finden! Das ist ihnen zu anstrengend. Sie wollen woanders leben, wo in der Dämmerung noch mehr herumschwirrt!"

„Wo willst du denn hin?", will Jendrik wissen. Er ist total außer Puste. Schon seit einer ganzen Weile fliegt Sandor voran und Jendrik folgt ihm auf seinem Fahrrad. „Das ist ganz schön weit!"

„Wir sind gleich da!", ruft Sandor. Aber tatsächlich dauert es noch viel länger. Ihr Weg führt raus aus der Stadt.

„Psst!", zischt Sandor leise. „Jetzt sind wir da!" Sandor und Jendrik haben die letzten Häuser hinter sich gelassen und sind bei einem großen Rapsfeld angekommen.

Alles leuchtet in einem strahlenden Gelb. „Das sieht toll aus!", sagt Jendrik.

„Hör genau hin!"

„Ich hör nix!", sagt Jendrik nach einer Weile. „Kein einziges Geräusch!"

„Das ist es ja eben!", raunt Sandor. „Ist das nicht gespenstisch!? Dieses schöne gelbe Feld, diese strahlende Landschaft. Aber kein Brummen, kein Summen ist zu hören."

Jetzt bemerkt Jendrik es auch. „Hier fliegen keine Insekten! Keine Mücke, keine Biene, kein Käfer. Das ist echt nicht normal!"

Ein leichter Wind kommt auf und streicht leise über die gelben Blüten. Das Rumpeln einer Maschine kommt näher, klingt dann aber wieder ab. Jendrik entdeckt in der Ferne einen Bauern auf einem Traktor.

„Gut, dass der Bauer gerade abgelenkt ist!", freut sich Sandor. „Wir müssen auf seinen Hof. Ich muss dir was zeigen!" Jendrik blickt fragend.

„Er darf uns auf keinen Fall erwischen!", raunt Sandor und fliegt weiter voraus.

Auf dem Lemscher-Hof ist kein Mensch zu sehen. Jendrik stellt sein Rad ab. Eine Katze liegt im Schatten auf einer Bank. Hühner scharren auf einem dampfenden Misthaufen.

„Hmm lecker! Dampfender Mist! Hier gibt es fette Fliegen!", freut sich Sandor, fliegt aber gleich weiter. „Da geht's lang!"

Jendrik sieht sich um. Sandor fliegt voraus in einen Stall. Alles wirkt sehr aufgeräumt und ordentlich. Im Stall ist es warm. Kühe kauen über ihren Futtertrögen. Mit ihren großen lieben Augen schauen sie Jendrik fragend an und kauen schmatzend weiter.

„Hallo, ist da jemand?", ruft Jendrik vorsichtig. Keine Antwort. Nur eine dicke braune Kuh, mit einem Namensschild, auf dem „Erna" steht, muht laut zur Begrüßung.

„Psst!", ruft Sandor. „Hier lang! Da rein!"

Leise öffnet Jendrik eine weitere Tür. Nun kommen sie in eine große Halle. Ein Mähdrescher und viele andere Gerätschaften haben darin Platz. „Was wollen wir hier?"

Keine Antwort von Sandor, denn der wird plötzlich von zwei Rauchschwalben attackiert, die in der Halle ihre Nester gebaut haben und ihr Revier verteidigen. Kreischend sausen sie um Sandor herum.

„He, lasst das!", keift Sandor und dreht wilde Loopings und Pirouetten. „Ihr habt wohl 'ne Meise!" Rasch versteckt er sich in Jendriks Kapuze. „Aua, Mann! Von wegen, Schwalben bringen Glück!", zischt Sandor. Die Schwalben kreisen nun oben an der Decke und schimpfen noch immer. Unten am Boden stehen weiße Plastikkanister. „Genau das wollte ich dir zeigen!", sagt Sandor. Auf den Kanistern sind hässliche gelbe

Aufkleber. Die zeigen einen Totenschädel und zwei gekreuzte Knochen. Darunter steht viel, was Jendrik nicht lesen kann. Aber ein Wort erkennt er sofort: „GIFT".

„Der Bauer sprüht das auf seine Felder. Ich habe es selbst beobachtet!", erklärt Sandor.

„Aber warum denn?", will Jendrik wissen.

„Weil er seine Pflanzen schützen will, indem er all die kleinen, appetitlichen Krabbeltiere vernichtet!", raunt Sandor.

Draußen rappelt der wuchtige Traktor über die Pflastersteine heran. Knatternd und klappernd fährt er in die Halle.

„Wir müssen verschwinden!", befiehlt Sandor.

Der Bauer ist ein kräftiger Mann. Er steigt von seiner schweren Maschine, noch bevor Jendrik sich verstecken kann. „Na, was suchst du hier, Junge?", fragt er streng.

„Abhauen!", hört Jendrik Sandors kreischende Stimme. Er springt aus Jendriks Kapuze. Wie wild umkreist er den Bauern.

Die Schwalben werden aufmerksam und jagen Sandor erneut. So sausen plötzlich alle, zwei Schwalben und eine Fledermaus, rund um den verdutzten Landwirt, der genervt nach seinem Hut greift und damit wild herumfuchtelt, um sie zu verjagen.

„Verschwinde! Wir sehen uns später!", ruft Sandor. Jendrik rennt, so schnell er kann. Draußen greift er sein Rad und tritt kräftig in die Pedale.

6. Kapitel
Ein Neuanfang

Als Jendrik nach Hause kommt, ist die Bude voll. Noch mehr Besuch! Toms Freund Paul ist da. Die beiden sind in Toms Zimmer und versuchen, Lupo Tricks beizubringen. Jendriks Vater ist da und Dr. Hans Belz, der Kinderpsychologe. „Hallo!", grüßt Jendrik kurz alle. Schnell geht er in sein Zimmer und öffnet das Fenster. Wenig später kommt Sandor. Ganz müde ist er von diesem anstrengenden Tag.

„Hauptsache, dir ist nichts passiert", freut sich Jendrik.

„Tsss, Tsss! Klick-klick! Ich lasse mich doch nicht erwischen!", prahlt Sandor. Erschöpft verkriecht er sich hinter den Büchern in Jendriks Regal und schläft sofort ein.

Nun geht Jendrik zu den anderen. Er setzt sich zu seiner Mutter an den Küchentisch, darauf steht ein neuer Strauß Blumen. „Und wie war es im Zoo?", fragt Jendrik.

„Schön. Tom hat zahme Papageien gefüttert."

Freyja schlürft ihren Tee. „Und hat er Lupo die Wölfe gezeigt?"

„Ja, aber die waren nicht besonders aneinander interessiert."

Hans und sein Vater spielen konzentriert Schach. Jendrik nimmt sich ein großes Stück Käsekuchen und gießt sich Kakao ein. Alle wirken so richtig entspannt.

„Was hat der Tierarzt gesagt?", will Freyja wissen.

„Das Ergebnis bekomme ich erst noch."

„Hat er gar keine Idee?", fragt Jendriks Vater.

„Es könnte sein, dass sie verhungert ist oder vergiftet wurde."

„Vielleicht beides", sagt Hans. „Ich habe mal gelesen, dass Fledermäuse die Orientierung verlieren und kein Futter mehr finden, wenn sie vergiftete Insekten gefressen haben. Das greift ihr Nervensystem an."

Jendrik blickt erschrocken. Sein Vater bemerkt das.

„Nicht alle Themen sind für Kinderohren geeignet", ermahnt er Hans. „Vieles macht ihnen Angst!"

„Es gehört Mut dazu, Ängste zuzugeben!", behauptet Hans. „Angst kann manchmal guttun! Vor allem ist es wichtig, die Angst offen auszusprechen. „Wenn es Probleme gibt, sollte man das nicht totschweigen!"

„Wollt ihr streiten?", fragt Freyja.

Hans macht eine beschwichtigende Handbewegung. „Ich nicht!"

Auch Jendriks Vater schüttelt den Kopf. „Ich will nur nicht, dass Dr. Belz sich zu sehr in meine Erziehung einmischt!"

„Wenn schon, dann in meine!", hält Freyja dagegen. „Du warst ja in der letzten Zeit gar nicht da!"

Kurz ist es still. Erst jetzt bemerken alle, dass Jendrik weint. Freyja steht auf und umarmt ihren Sohn liebevoll.

„Was ist denn los?", fragt sein Vater verdattert.

Was los ist? Jendrik hat Angst! Und er weint, weil er es nicht mehr verbergen kann. Sein treuester Freund Sandor ist in Gefahr, und sein Vater verlässt ihn in ein paar Tagen wieder.

„Ich werde immer für dich da sein!", verspricht ihm sein Vater, und auch Hans und Freyja versuchen ihn liebevoll zu trösten. Es tut Jendrik gut, zu weinen und über alles ganz offen zu sprechen. „Ich finde es mutig von dir, deine Gefühle zu zeigen!", lobt ihn Hans.

7. Kapitel
Die Blutbär-Bande

Als Jendrik in seinem Bett liegt, hört er noch immer die Stimmen seiner Eltern und von Hans in der Küche. Seine Mutter lacht.

Nicht nur Jendrik hatte Angst. Auch seiner Mutter und seinem Vater fällt die Trennung nicht leicht. Alle haben offen über ihre Sorgen und Gefühle gesprochen.

Sandor liegt an Jendrik gekuschelt im Bett. Jendrik krault Sandor am Bauch und gemeinsam

schmieden sie Pläne, was sie unternehmen wollen, um Sandor zu beschützen und auch viele andere Tiere zu retten. Denn auch Sandor hat Ängste: „Wenn es zu wenig Insekten gibt, gibt es bald keine Fledermäuse mehr!", befürchtet er. „Früher gab es noch viel mehr bunte Schmetterlinge und Nachtfalter. Große, fast so groß wie eine Menschenhand. Und kleine in schillernden Farben. Manche habe ich schon lang nicht mehr gesehen. Den Blutbär zum Beispiel."

„Was ist denn ein Blutbär?", murmelt Jendrik.

„Ein kleiner, schwarzer Schmetterling mit roten Punkten und langen Strichen am Flügelrand. Die Hinterflügel sind leuchtend rot. Sehr hübsch und sehr schmackhaft."

„Hab ich noch nie gesehen", sagt Jendrik müde. „Ich wünschte sehr, ich könnte dir mal einen zeigen", meint Sandor. So flüstern beiden noch lange miteinander.

Am nächsten Tag nach der Schule sitzen Lilli und Friedrich in Jendriks Zimmer auf dem Fußboden. Es war Sandors Idee, sie einzuladen. Denn für das, was sie vorhaben, braucht man Freunde. „Nun, sag schon!", drängt Friedrich. „Was liegt denn an?"

Jendrik erzählt den beiden alles. Von der Mopsfledermaus, vom Tierarzt, vom Bauern, vom Gift. Er erzählt auch, dass er sauer ist auf alle Erwachsenen, die so etwas zulassen, und dass er sich überlegt hat, nun eine Kinderbande zu gründen, die sich wehrt und versucht, das alles zu verhindern.

Lilli stimmt zu. „Ja. Ich bin dabei!"

Friedrich findet das alles voll krass. „Klar helfe ich auch", bietet er an. „Als Erstes brauchen wir einen guten Namen." Ohne eine Antwort abzuwarten, fährt er fort. „Wir nennen uns wie dieser rote Schmetterling, von dem du erzählt hast! Die Blutbär-Bande. Das klingt stark, gruselig und geheimnisvoll!"

„Und gefährlich!", findet Lilli.

„Zuerst müssen diese Kanister mit dem Gift weg." Jendrik kramt einen Block hervor und macht sich Notizen. „Wie wollen wir das anstellen?", fragt er.

„Hast du einen Leiterwagen oder eine Schubkarre?", fragt Friedrich.

„Nö. Aber einen alten Kinderwagen im Keller."

„Gut, den nehmen wir! Damit klauen wir die Kanister."

Das Vorhaben muss gut organisiert werden. „Damit der Bauer sich nicht neues Gift kauft, muss es verschwinden, ohne dass er es merkt!", überlegt Lilli.

„Wie soll das gehen?", fragt Jendrik.

„Wir schütten die Kanister mit dem Gift aus und befüllen sie mit Honigwasser", schlägt Lilli vor.

„Hä? Aber wohin mit dem Gift?", wundert sich Friedrich.

„Stimmt. Das ist ein Problem!", gibt Lilli zu.

„Bei Frau Schmidt im Schuppen steht eine alte Badewanne, da kippen wir es rein", schlägt Jendrik vor.

„Woher weißt du das mit der Wanne?", wundert sich Friedrich.

Jendrik hat es natürlich von Sandor erfahren. Und von ihm kennt er auch die Kombination des Zahlenschlosses von der Schuppentür „0-3-5-1". Aber Friedrich muss das nicht so genau wissen.

„Ich habe mich eben vorbereitet!", behauptet Jendrik.

„Du bist viel cooler, als ich gedacht habe!", lobt ihn Friedrich. Die Idee, seiner Grundschullehrerin Gift in die Badewanne zu schütten, findet er aber trotzdem nicht gut. Besonders, weil sie in letzter Zeit immer netter zu ihm geworden ist. Das will er sich nicht verderben.

Jendrik kaut auf seinem Buntstift. „Vielleicht sollten wir das Gift gar nicht verstecken, sondern vielen zeigen!", überlegt er. „Wir stellen einen Kanister mitten auf den Marktplatz in die Fußgängerzone und sagen allen, was dieser Bauer macht!"

„Eine gute Idee!", findet Friedrich. „Und wir laden dazu die Presse ein!", meint Lilli.

„Genau, los bring mir bitte das Telefon und eure Zeitung", befiehlt Friedrich.

Jendrik tut es. Er ist über Friedrichs Eifer richtig erstaunt.

Friedrich wählt die Nummer der Zeitung. „Hallo! Ist da das Wochenblatt? Aufgepasst, dann hören Sie jetzt mal genau zu! Heute um

15 Uhr auf dem Markplatz wird's giftig. Seien Sie da! Hier spricht die Blutbär-Bande!"

Friedrich beendet stolz das Telefonat, Jendrik und Lilli schauen verblüfft. Schon wählt er die nächste Nummer. Es sind nur drei Tasten: 1-1-0.

„Was, spinnst du? Das ist die Polizei!", warnt Jendrik.

„Psst, sei leise!", sagt Friedrich. „Schließlich geht es um ein schweres Verbrechen an der Natur. Das muss gemeldet werden!" Er spricht ins Telefon. „Hallo? Hier ist die Blutbär-Bande!", beginnt er.

„Wenn Sie das große Sterben ab jetzt verhindern wollen, kommen Sie um 15 Uhr auf den Markplatz und sichern Sie das gefährliche Beweismittel!" Friedrich beendet das Gespräch. „Ich hab so schnell aufgelegt, damit sie uns über das Telefon nicht orten können", erklärt er. „Das machen die in Krimis auch immer so."

Jendrik blickt ängstlich. „Auweia! Ob das eine gute Idee war?"

„Es gibt jetzt kein Zurück mehr", meint Lilli.

Tatkräftig spornt Friedrich sie an: „Los geht's! Tun wir was Gutes!"

Lilli muss vor Aufregung erst mal aufs Klo, und Friedrich geht vor in den Keller, um den Kinderwagen zu suchen. Kaum sind sie aus dem Zimmer, kommt Sandor hervorgekrochen. Er hatte sich hinter dem Schrank versteckt und alles mit angehört.

„Ich bin so stolz auf dich!", lobt er Jendrik. „Von dem Tag an, als ich dein gutes Herz in der Schule das erste Mal pochen hörte, wusste ich, was für ein lieber und kluger Junge du bist."

„Ach komm, Sandor! Du würdest das Gleiche für mich tun, oder?", unterbricht ihn Jendrik und öffnet das Fenster. „Also komm!"

Sandor grinst breit und flattert gleich los.

8. Kapitel
Vier Freunde in geheimer Mission

Die drei Kinder schieben den Kinderwagen zur Bushaltestelle. Sandor flattert ihnen unauffällig hinterher. „Der Weg ist zu Fuß ganz schön weit. Lasst uns lieber den Bus nehmen", schlägt Jendrik vor.

Friedrich steigt mit dem Kinderwagen hinten ein, während Jendrik und Lilli vorne beim Fahrer drei Karten kaufen.

Am Stadtrand angekommen, steigen sie aus. Jendrik führt Friedrich und Lilli das letzte Wegstück, das sie nun zu Fuß gehen müssen. Sie kommen am Rapsfeld vorbei und gehen weiter zum Hof.

Die Luft ist rein, keiner ist da. Unbemerkt schleichen sie in den Kuhstall. Friedrich schiebt den Kinderwagen. Die Kühe sehen ihnen neugierig nach. Bei den Kanistern in der Halle angekommen, macht sich Friedrich daran, einen in den Kinderwagen zu hieven. Friedrich ist am stärksten, aber er ist nicht kräftig genug.

„Boah, ist der schwer!"

Jendrik und Lilli helfen. Der Kinderwagen bricht fast unter der Last zusammen. Aber nur beinahe. Lilli deckt den Kanister mit einer Babydecke zu.

„Jetzt nichts wie weg!"

Zurück müssen sie wieder durch den Stall. Plötzlich hören sie draußen Schritte.

„Los, verstecken!", befiehlt Jendrik.

Aber wo? Friedrich schiebt den Kinderwagen schnell in eine Nische. Hier hängen Schläuche an der Wand, daneben stehen Mistgabeln und zwei Schubkarren. Jendrik und Lilli ducken sich hinter den Schubkarren. Für Friedrich ist kein Platz mehr. Er drückt sich einfach gegen die Wand.

Die Bäuerin kommt herein. Sie klatscht einer Kuh auf den Po und sagt: „Na, meine Gute!"

Friedrich blickt vorsichtig um die Ecke. „Gleich ist sie bei uns!", raunt er.

Doch kurz vorher bleibt sie stehen. An einer Wand hängen zwei Arbeitskittel. Sie nimmt sich einen und zieht ihn an. Dann dreht sie sich um.

Friedrich atmet erleichtert aus. „Die haut wieder ab!", freut er sich. Leider zu laut. Die Bäuerin hat etwas gehört!

„Hallo? Ist da wer?" Schritt für Schritt kommt sie den Kindern näher. „Da ist doch jemand!"

Ängstlich tauschen die Kinder Blicke.

„Mist! Was machen wir jetzt?", flüstert Lilli leise. Jendriks Herz pocht. Die Bäuerin kommt näher und näher.

„Keine Angst! Erprobtes Ablenkungsmanöver im Anflug!", hört Jendrik ein kleines Stimmchen. Es ist Sandor, der kopfüber an einem Balken hängt und alles beobachtet hat. Mit einem Schwung stößt er sich ab, fliegt nahe zum Nest der Rauchschwalben und lockt diese an. Mit Geschrei verfolgen sie ihn gleich. Zischend fliegen sie hinter Sandor her und sausen rund um die arme Bäuerin, die von Sandor kreisend umflattert wird.

„He, was ist das?", ruft sie, schlägt um sich und läuft aus dem Stall.

„Wir sehen uns später!", hört Jendrik Sandor noch rufen. Friedrich traut seinen Augen nicht.

„Hammer!", staunt er. „ So ein Zufall! Die kamen genau im richtigen Moment!"

„Los, weg hier!", befiehlt Jendrik. „Jetzt aber wirklich!"

Schnell verlassen sie den Stall und verschwinden vom Hof.

„Wie spät ist es?", fragt Lilli.

Jendrik schaut auf seine Uhr. „14.23 Uhr."

„Dann schaffen wir es noch rechtzeitig."

Auf der schmalen Landstraße kommt ihnen der Bauer in seinem Auto entgegen. Jendrik zieht schnell seine Kapuze über den Kopf. Der Bauer fährt langsam an den Kindern vorbei und nickt ihnen freundlich zu.

„Zum Glück hat er nichts bemerkt", sagt Jendrik. Sie sehen ihren Bus an die Haltestelle heranfahren und rennen die letzten Meter.

9. Kapitel
Der geheime Schwarm

Pünktlich erreichen Lilli, Friedrich und Jendrik den Marktplatz. Sie stellen sich neben den Brunnen und decken den Behälter im Kinderwagen auf. Nun ist der bedrohliche Totenkopf auf dem Kanister gut erkennbar. Die Kirchturmglocke schlägt dreimal.

Die Kinder sind sich sicher: Gleich wird's hier turbulent. Das gibt einen Riesenskandal! Bald wird es jeder wissen: Was Bauern Pflanzenschutzmittel nennen, ist in Wahrheit Insektenvernichtungsmittel.

Aber die Zeit vergeht und weder Presse noch Polizei erscheinen.

„Das ist blöd!", ärgert sich Friedrich.

„Wir müssen uns nur gedulden", glaubt Jendrik. Sie warten schweigend.

„Vielleicht denken alle, der Anruf war nur ein Kinderstreich", befürchtet Lilli. „Ich mach das jetzt anders." Lilli geht los und spricht vorbeilaufende Fußgänger an.

„Unsere Landwirtschaft tötet!", ruft sie. „Mit diesem Spritzmittel!" Eine alte Frau bleibt stehen. „Wo habt ihr das denn her?"

Friedrich kommt dazu: „Wir sind die Blutbär-Bande." Stolz erzählt er, wie sie den Kanister vom Bauernhof geholt haben, um vielen Tieren das Leben zu retten.

„Ihr macht ja Sachen!", entgegnet die alte Frau, kramt drei Bonbons hervor, schenkt jedem einen und geht rasch weiter.

„Keiner nimmt uns ernst!", bedauert Jendrik. „Die denken alle, das ist ein Witz!"

„Was macht ihr denn hier?", hören sie plötzlich eine vertraute Stimme. Es ist ihre Lehrerin Frau Schmidt. Sie war in der Stadt einkaufen und kommt zufällig an ihren Schülern vorbei.

Die Kinder erzählen ihr, was sie vorhaben. Erschrocken sieht ihre Lehrerin in den Kinderwagen mit dem Gift. „Ach du meine Güte! Das habt ihr gestohlen?", fragt sie besorgt. In diesem Moment kommt die Polizei.

„Na endlich!", freut sich Friedrich. Aber leider erscheinen die Beamten nicht, um ein schweres

Verbrechen an der Natur aufzuklären, sondern um die Diebe Jendrik, Lilli und Friedrich zu verhaften. Die alte Bonbon-Frau hatte der Polizei vom Diebstahl der Kinder berichtet und sie hierhergeschickt.

Jendrik kennen die Beamten schon, weil er einmal einen Schatz gefunden und wertvolles Diebesgut bei der Polizei ehrlich abgegeben hatte. Aber Lilli und Friedrich müssen Namen und Adresse angeben. Und da sie keinen Pass dabei haben, sollen sie sofort mit aufs Revier.

Frau Schmidt kann das nicht glauben. „Ach, du meine Güte. Das sind doch noch Kinder."

Lilli hat Bammel. Das gibt zu Hause bestimmt richtig Ärger.

„Wir werden die drei jetzt erst einmal mitnehmen!", erklärt einer der Polizisten. „Und dann sehen wir … wir …" Er spricht den Satz nicht zu Ende und zeigt nach oben. Alle blicken dorthin. Ein lautes Pfeifen, Summen und Brummen ertönt. Es kommt näher und wird immer lauter. Eine dunkle Wolke kommt wellenartig auf sie zu.

„Oh!" und „Ah!", rufen Passanten, die staunend stehenbleiben.

Vor der Wolke fliegt eine Fledermaus. Ihr folgen Amseln, Meisen, Spatzen, Goldammern, Lerchen, Bienen, Hummeln, Fliegen, Käfer, große und kleine Insekten, Libellen, Heuschrecken und viele Schmetterlinge: Admirale, Pfauenaugen, Kohlweißlinge, Zitronenfalter, sogar ein Blutbär und auch die zwei Rauchschwalben sind mit dabei.

Aus dem Schwarm wird ein fliegendes Band. Alle Tiere umkreisen die Kinder schützend, dass keiner von ihnen festgenommen werden kann.

Friedrich staunt: „Boah, ist das cool!"

Immer mehr Menschen versammeln sich auf dem Marktplatz. Sie kommen aus ihren Häusern, aus den Geschäften. Sie kommen aus jeder Gasse, aus jedem Winkel angelaufen. Und jetzt erscheint auch die Presse. Es dauert nicht lange und sogar das Fernsehen kommt und ein Kameramann filmt.

Heimlich landet Sandor auf Jendriks Schulter. „Na, wie habe ich das gemacht?", fragt er stolz.

„Wahnsinn! Richtig super!", freut sich Jendrik.

„Ich musste die anderen gar nicht lang überreden!", plappert Sandor. „Alle Tiere wollen, so wie die Menschen, gesund leben." Jendrik verspricht, genau das werde er jetzt laut sagen.

10. Kapitel
Es gibt immer ein Für und Wider

„Wir wollen, dass alle …", will Jendrik seine Rede beginnen, aber keiner kann ihn verstehen. Der Tierschwarm ist zu laut. Gegen das wilde Geflatter und Gezwitscher der Vögel und das laute Gebrumme der Insekten kommt Jendrik mit seiner Stimme nicht an.

Sandor pfeift einen sehr hohen schrillen Ton. Für Menschen nicht hörbar, aber alle Vögel und Insekten folgen und setzen sich still nieder. Der Brunnen ist bald kunterbunt eingefärbt. Überall auf ihm sammeln sich Bienen, Hummeln, Schmetterlinge und Libellen. Alle Vögel, die Spatzen und Meisen, Goldammern und Lerchen, treffen sich bei Sandor auf einer Linde.

„Großartig, einmalig", sagt der Kameramann und schwenkt mit seiner Kamera von rechts nach links, von oben nach unten und zoomt dann Jendrik heran.

Der steht neben dem Kinderwagen. „Wir wollen, dass Kinder und auch Tiere eine Chance auf ein gesundes Leben haben", sagt Jendrik. Er ist ein bisschen aufgeregt und seine Stimme zittert. Doch diesmal können ihn alle hören.

Frau Schmidt klatscht. Andere folgen zögernd ihrem Beispiel.

Jendrik deutet auf den Marktbrunnen und die Linde. „Alle Tiere haben sich zusammengeschlossen, um zu zeigen, dass alles miteinander verbunden ist und wir die Natur schützen müssen." Jetzt deutet er auf den Kanister. „Dieses Gift haben wir dem Bauern vom Lemscher-Hof weggenommen. Wir wollen nicht, dass er es auf seine Felder spritzt."

„Wir fordern ein Verbot aller Mittel, die dem Boden, dem Grundwasser und den Tieren schaden!", mischt Friedrich sich laut ein.

„Rettet die Bienen und alle Insekten!", ruft Lilli.

Frau Schmidt klatscht nun noch kräftiger und viele andere klatschen mit.

„Die Kinder haben recht", ruft eine junge Frau. „Kein Gift auf unsere Felder!" Sie trägt einen Einkaufskorb mit Gemüse.

„Von wegen!", ertönt eine kräftige Stimme. „Wenn immer alles so einfach wäre!" Es ist Bauer Lemsche. Ärgerlich drängelt er sich durch die Menge.

„Wir brauchen Pflanzenschutzmittel, um unsere Felder vor Schädlingen zu schützen und um Unkraut fernzuhalten."

Die junge Frau mit dem Einkaufskorb ruft ihm zu: „Aber Biobauern schaffen das auch ohne Gift!"

Der Bauer zeigt auf ihren Korb. „Nicht alle können sich Bio leisten! Das ist für uns Landwirte viel mehr Arbeit und geht auch nicht überall."

Aufgebracht sieht er genau in die Kamera: „Wer keine Spritzmittel will, muss auch bereit sein, mehr zu bezahlen!" Auffordernd blickt er in die Runde.

Jendrik und Lilli schweigen. „Meine Mama kann sich Bio nur ab und zu leisten", sagt Friedrich.

Der Bauer seufzt. „Da siehst du's. Ich würde gerne weniger spritzen, aber es geht eben nicht anders."

„Das stimmt nicht! Das stimmt einfach nicht!", ruft die Frau mit dem Korb.

Frau Schmidt geht auf den Bauern zu. „Wie wir alle wissen, ist das ein kompliziertes Thema und es gibt keine ganz einfache Lösung. Es würde mich freuen, wenn Sie an unsere Schule kommen und wir uns gemeinsam mit den Kindern Gedanken machen, was wir ändern können."

Der Bauer runzelt die Stirn. „Es gibt viele Ideen und nicht nur wir Landwirte, alle können was tun."

Jendrik kommt zu ihm: „Helfen Sie uns? Machen wir was zusammen?"

Der Bauer zögert, stimmt dann aber doch zu. „Ja, das machen wir!" Darauf geben sie sich sogar die Hand.

Wieder pfeift Sandor einen sehr hohen Ton. Viel zu hoch für Menschenohren, aber die Tiere haben ihn wohl vernommen, denn wie auf ein Kommando erheben sich alle und unter dem Staunen der Menschen fliegen sie eine große Runde über den Markt. Wer genau hinsieht erkennt eine kleine Fledermaus, die alle anführt. Dann sind sie über den Dächern verschwunden.

Nur ein kleiner blauer Schmetterling flattert noch um den Bauern herum, setzt sich auf seine Schulter und sonnt sich.

Mit aufs Revier müssen Lilli, Jendrik und Friedrich nun doch nicht. Bauer Lemsche erstattet keine Anzeige. „Ich bin nicht böse und ich kann die Kinder verstehen", murmelt er. Aber sie müssen ihm versprechen, nie wieder ohne seine Erlaubnis auf dem Bauernhof herumzustöbern. Die drei geben ihm ihr Ehrenwort.

Am nächsten Tag gibt es viele Schlagzeilen: „Aufstand der Kinder und Tiere!", „Insektenschwarm belagert Innenstadt" und „Spuk auf dem Marktplatz. Das große Summen!" Jendrik wird als „Insektenflüsterer" betitelt. Auf vielen Fotos sind neben ihm auch Friedrich und Lilli zu sehen. Die ganze Blutbär-Bande.

Was ihre Tochter getan hat, erfahren Lillis Eltern erst aus der Zeitung. Lilli muss ihnen genau erzählen, was passiert ist. Das finden sie sehr mutig, aber viel zu gefährlich. Wie es zum Aufstand der Tiere gekommen ist, kann ihnen Lilli auch nicht erklären.

Viele Gerüchte sind darüber im Umlauf. So wird zum Beispiel gemunkelt, dass auf dem Brunnenrand intensive Duftstoffe waren, die die Insekten in Scharen anlockten. Der fliegenden Futterquelle schlossen sich die Vögel an.

Andere glauben an ein unheimliches mystisches Phänomen, eine Warnung. Und wieder andere behaupten, die Insekten seien von einem großen Volk Honigbienen angeführt worden, die sich auf der Suche nach einem neuen Unterschlupf in die Stadt verirrt hatten.

Frau Schmidt meint, auf die richtige Lösung würde wohl keiner kommen: „Das war himmlische Magie der Natur! Und so wie echte Zauberer niemals ihre Tricks verraten, werden auch die Tiere dem Menschen immer wieder Rätsel aufgeben."

Als Jendrik wenige Tage später zum Tierarzt kommt, um sich nach dem Forschungsergebnis zu erkundigen, hängt ein Zeitungsartikel im Wartezimmer an der Pinnwand, darunter ein Foto der drei Freunde auf dem Marktplatz.

„Wie habt ihr das geschafft, dass sich so viele Tiere gleichzeitig versammelt haben?", will der Tierarzt wissen.

„Ich glaube, sie wurden von einer klugen Fledermaus angeführt", antwortet Jendrik.

Der Tierarzt sieht ihn fragend an. „Von einer Fledermaus?"

„Ja, einem sehr schlauen Abendsegler mit Knickohr!"

Dr. Brunner lacht. Er erzählt Jendrik, dass seine Mopsfledermaus leider tatsächlich verhungert ist. Aber der Tierarzt ist trotzdem zuversichtlich, denn jetzt kann es nur besser werden. Was Jendrik und seine Freunde ins Rollen gebracht haben, macht ihm Hoffnung. „Die Arbeit ruft", verabschiedet er sich und klopft Jendrik kurz auf die Schulter. Die Arzthelferin kommt mit einem neuen Patienten ins Zimmer. Es ist eine dicke miauende Katze.

Zahlen muss Jendrik für die Untersuchung seiner Mopsfledermaus nichts. Dr. Brunner übernimmt alle Kosten.

11. Kapitel
Fest im Schulgarten

Der Medienrummel um den geheimnisvollen Schwarm von Insekten und Vögeln wird groß und langanhaltend. Alle Bewohner der Stadt werden aufgerüttelt, sind für das Thema offen und wollen helfen. Der Bürgermeister ruft die Landwirte dazu auf, Gifteinsätze einzudämmen, oder ganz darauf zu verzichten. Dafür werden Blühstreifen, Hecken und kleine Biotope finanziell unterstützt und neu angelegt. Mitarbeiter des Grünflächenamtes beginnen, Wildkräuter- und Wildblumensamen auf öffentlichen Rasenflächen und Straßenrändern zu streuen.

In Jendriks Schule wird ein Biogarten angelegt und von den Kindern sofort fleißig bepflanzt. Neben Blumen und Kräutern stehen nun fünf Bienenkästen. Hier imkern die Kinder und der Landwirt. Der kennt sich damit sehr gut aus, weil er als Kind selbst mit seinem Opa geimkert hat. Alles, was man dazu braucht, eine Honigschleuder, Schutzkleidung und sogar eine

Imkerpfeife hat er jahrelang aufgehoben und nun den Kindern zur Verfügung gestellt. Zusammen mit dem Biologielehrer Herrn Pohl und den Schülern sammelt er viele neue Ideen, die überall leicht umgesetzt werden können.

Ein regionaler Fernsehsender veröffentlicht täglich einen neuen Öko-Tipp der Kinder. Friedrich steht besonders gerne vor der Kamera. Das macht er auch richtig gut. Jeden Morgen schreibt er dafür einen Ratschlag ordentlich auf. Er gibt sich sehr große Mühe.

„Wenn du weiter so fleißig übst, wirst du das Klassenziel bestimmt schaffen", freut sich Frau Schmidt.

Sauber und fast fehlerfrei schreibt Friedrich:

> „Liebe Gartenbesitzer, wir Kinder rufen euch dazu auf, Vögeln und Insekten in euren Gärten ein nahrhaftes Zuhause zu bieten. Das könnt ihr machen, indem ihr beispielsweise in einer Ecke Brennesseln wachsen lasst. Das mögen die Raupen von Schmetterlingen besonders! Mehr könnt ihr von mir auf unserem großen Schulfest erfahren."

Zum Schulfest kommen der Bürgermeister, alle Eltern und viele Bürger. Jendrik ist stolz. Heute kann sich jeder darüber informieren, was inzwischen Schönes und Neues passiert ist. Sogar der Tierarzt und die Polizeibeamten schlendern über das Schulgelände.

Die Schüler verkaufen Gebasteltes und Gebackenes. Den Erlös wollen sie der Stadt für Bienen- und Schmetterlingssträucher spenden.

Jendrik steht mit Lilli hinter einem Stand. Sie verkaufen Blumen, Honig und selbstgebaute Fledermauskästen.

Sandor hängt über ihnen, versteckt im Blattwerk einer Birke. Im Wind schaukelt er sacht hin und her und sonnt sich.

Nicht weit entfernt findet Jendriks Familie einen schattigen Sitzplatz. Neben Freyja, Tom und Hans, sind auch sein Vater und Carmen mit Tochter Pia gekommen.

Tom freut sich. „Hier ist es ja toll. Hier will ich auch mal zur Schule gehen!", sagt er.

Jendriks Vater geht los, um für alle am Stand von Frau Schmidt Kaffee und Kuchen zu holen.

Jendriks Lehrerin hatte er vorher noch nie getroffen. Sein Sohn sei ein lieber Junge, erzählt sie, aber leider würden seine Leistungen oft schwanken. Sie sprechen darüber, warum das so ist, auch über die Trennung der Eltern. Aber Frau Schmidt meint: „Er ist nicht der einzige in der Klasse, dessen Eltern nicht mehr zusammenleben. Gemeinsam kriegen wir das schon hin."

Bauer Lemsche kommt zu Jendrik und Lilli an den Stand. Er stemmt seine Arme in die Hüften und strahlt. „Das habt ihr wirklich gut gemacht. Ich bin begeistert, was ihr hier auf die Beine stellt."

„Tsss, Tsss! Klick-klick!", hört Jendrik Sandor von oben. „Ich finde auch, das haben wir sehr gut gemacht."

ENDE

Wissenswertes über Fledermäuse und Umweltgifte

Um 1950 konnte man Fledermäuse in Deutschland in großer Zahl finden. Die Kleine Hufeisennase war besonders gut aufzuspüren. Man fand sie leicht in Kirchen, Scheunen und Kellern, in jedem Dorf und jeder Stadt, da sie tagsüber frei an der Decke hing und sich nicht, wie viele andere Fledermausarten, in Spalten versteckte. Sie ist zwar klein, aber durch ihr seltsames Gesicht mit einem an ein Hufeisen erinnernden Nasenaufsatz leicht von anderen Arten zu unterscheiden. Außerdem legt sie im Schlaf ihre Flughäute wie einen Mantel vollständig um den Körper. Das macht sonst keine einheimische Fledermausart.

Zehn Jahre später, 1960, brachen die Fledermausbestände dramatisch ein. Langsam, aber stetig zählten die Fledermausforscher immer weniger Kleine Hufeisennasen. Neben dem Verlust der Quartiere und der direkten Tötung werden immer wieder Umweltgifte als Hauptursache genannt.

Was sind Umweltgifte?

Umweltgifte sind ganz allgemein Stoffe, die von Menschen in die Umwelt gebracht werden und dort Tiere, Pflanzen oder Pilze schädigen. In der Landwirtschaft werden einige Gifte, sogenannte Pestizide, absichtlich verwendet, um lästige Lebewesen oder Unkräuter abzutöten. Schädlingsbekämpfungsmittel, die Insekten vernichten, nennt man Insektizide. Unkrautbekämpfungsmittel heißen Herbizide. Die Hersteller nennen ihre Gifte gerne „Pflanzenschutzmittel", damit es nicht so schlimm klingt. Andere Umweltgifte sind in Holzschutzmitteln, die beim Bau verwendet werden, um gefräßige Schädlinge, wie Holzwürmer, zu töten.

Fledermäuse waren vom Aussterben bedroht

Holzschutzmittel wurden oft auf Dachböden versprüht. Dort lebende Fledermäuse wurden davon geschädigt. Dazu kamen die Pestizide. Fledermäuse nahmen sie über Insekten auf, die sie fraßen. Zusammen sorgte dies dafür, dass

Fledermäuse keine Jungen mehr bekommen konnten oder diese rasch starben, denn viele Gifte reicherten sich in der Muttermilch der Fledermäuse an und wurden an die Jungtiere beim Säugen weitergegeben. Eine schreckliche Vorstellung: Die Mütter haben ihre eigenen Jungen vergiftet! Zusätzlich töteten die Pestizide Insekten in unendlicher Zahl und nahmen damit den Fledermäusen ihre Nahrung weg.

Kein Wunder, dass 1975 fast alle Fledermausarten vom Aussterben bedroht waren. Von ehemals Millionen Kleinen Hufeisennasen gab es kaum noch 100 Exemplare! Einen ähnlichen Rückgang konnte man bei Vogelarten nachweisen. Beim Wanderfalken und einigen anderen Vögeln wurde z. B. durch ein Insektizid die Eierschale so dünn, dass sie ihre Eier nicht mehr erfolgreich bebrüten konnten.

Sind Fledermäuse heute sicher?

Viele Umweltgifte wurden in Europa verboten und langsam konnten sich die Fledermausbestände erholen. Auch die Kleine Hufeisennase.

Sowohl für die Landwirtschaft als auch beim Bau entwickelte man vermeintlich umweltfreundliche Ersatzstoffe. Aber auch diese sind nicht ungefährlich. Sie werden zwar schneller in der Natur abgebaut, können aber trotzdem schädlich für Fledermäuse sein. Egal, ob sie Krebs auslösen oder nur ein angeblich „böses" Insekt wie die Stechmücke töten, ihr Einsatz hat immer Auswirkungen auf die Umwelt und damit auch auf Fledermäuse und Vögel.

So dachte man lange, dass ein bestimmtes Mittel, das sogenannte BTI, nur Stechmücken abtötet. Seit einigen Jahren weiß man aber, dass es auch die kleine, harmlose Zuckmücke tötet. Sie ist die Hauptnahrung unserer kleinsten Fledermausart, der Mückenfledermaus.

Das große Insektensterben

In den letzten Jahren wurde bei Insekten ein dramatischer Rückgang der Bestände weltweit beobachtet. Das Ganze erinnert an den Rückgang der Fledermäuse vor über 70 Jahren. Auch heute stehen moderne Umweltgifte, besonders die Pestizide, im Verdacht, der Hauptauslöser für das massive Insektensterben zu sein.

Neben Fledermäusen sind auch andere Tierarten, die sich von Insekten ernähren, gefährdet. Bei Vögeln ist seit einigen Jahren ein starker Rückgang zu beobachten. Schuld sind aber nicht nur die Umweltgifte allein. Unsere ganze Umwelt verändert sich und wird für viele Arten immer lebensunfreundlicher. Dabei spielen auch der Straßenverkehr und die „Lichtverschmutzung" eine große Rolle. An Straßenlampen sterben unzählige Insekten, die vom Licht angelockt werden. Insekten brauchen Lebensräume, doch jeden Tag wird in Deutschland eine Fläche so groß wie 88 Fußballfelder neu verbaut.

Was ist zu tun?

Städte und Gemeinden sollten sich bewusst werden, dass nicht überall Wohn- und Industriegebiete notwendig sind. Und selbst wenn man diese anlegt, müssen sie nicht vollständig betoniert und überall beleuchtet sein.

In der Landwirtschaft sollte nicht nur auf die möglichst günstige Erzeugung von Nahrungsmitteln geachtet werden. Kosten für die Umwelt und die Qualität der Lebensmittel sollten mehr in den Vordergrund gestellt werden. Lieber etwas weniger herstellen, als Massenware zum günstigen Preis.

Landwirte sollten auch für ihre Arbeit als Landschaftsgestalter bezahlt werden: die Neuanlage von Hecken, Baumreihen, die naturnahe Gestaltung von Waldrändern sowie die Anlage von Brachflächen und naturnahen Wiesen und deren Pflege.

Was können wir tun?

Im eigenen Garten sollten wir keine Pflanzenschutzmittel einsetzen. Jeder Schädling hat auch einen Gegenspieler, der ihn frisst. Für bestimmte Pflanzenschädlinge kann man Fressfeinde ansiedeln. Gerade Fledermäuse sind hervorragende Insektenbekämpfer, man muss ihnen nur Quartiere und Lebensraum lassen. Man kann leicht Fledermaus-, Vogel- und Insektenkästen bauen und sie im Garten oder auf dem Balkon aufhängen. Es gibt auch Pflanzen, die nachtaktive Insekten anlocken. Wenn man diese anpflanzt, tut man auch etwas Gutes für die Fledermäuse.

Auch was wir essen und wie wir einkaufen, hat Auswirkungen auf die Umwelt. Billige Nahrung kann nicht nachhaltig und damit gut für die Umwelt hergestellt worden sein. Produkte aus der Bio-Landwirtschaft werden ohne Umweltgifte produziert. Sie sind zu bevorzugen. Wer die

Möglichkeit hat, sollte lieber vor Ort auf einem Hof oder auf dem Wochenmarkt beim Produzenten kaufen.

Jeder kann bei Umwelt- und Naturschutzverbänden mitmachen und sie damit auch stärken.

Dr. Andreas Kiefer ist Biologe und Vater von zwei Kindern. Er lebt in der Eifel. Seit 30 Jahren ist er Fledermausforscher und -schützer. Er arbeitet an der Universität Trier und für den NABU Rheinland-Pfalz.

MEHR VON SANDOR

Alle Romane von Sandor gibt es auch als Hörbuch, gelesen von Nicolas A. Böll, zu jeweils 9,95 €

Sandor – Fledermaus mit Köpfchen
Hörbuch: ISBN 978-3-00-033044-5

Sandor – Abenteuer in Transsilvanien
Hörbuch: ISBN 978-3-00-033045-2

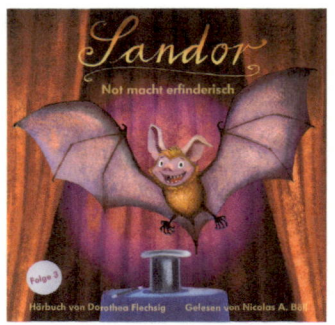

Sandor – Not macht erfinderisch
Hörbuch: ISBN 978-3-943030-13-6

Sandor – Der gweheime Schwarm
Hörbuch: ISBN 978-3-943030-63-1

„Diese Fledermaus wird Kinderherzen im Sturm erobern!" Prädikat „GRANDIOS" im BÜCHER-MAGAZIN * Von Stiftung Lesen empfohlen. * „Sandor ist total süß!" Radio Regenbogen * u.v.m.

Sandor – Lernangebote und Lehrermaterialien

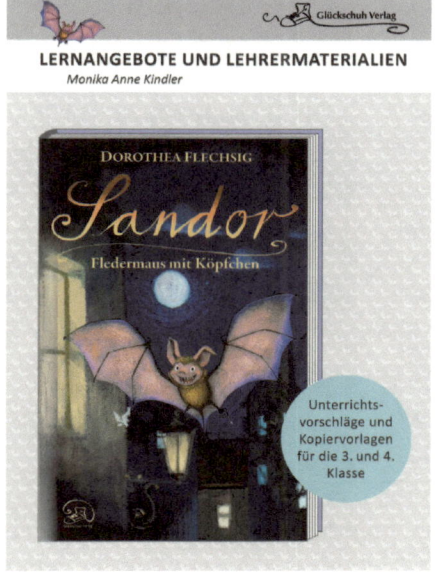

Unterrichtsvorschläge und Kopiervorlagen für die 3. bis 4. Klasse, 52 Seiten, A4, ISBN: 978 3 943030 32 0
„Sandor hat in unseren Klassen viele Freunde gefunden. Die umfangreiche Materialsammlung erleichterte dem gesamten Kollegium die Unterrichtsvorbereitung und gab kreative Impulse. … Das vorliegende Arbeitsbuch erleichtert die fächerübergreifende Unterrichtsführung und ist sehr zu empfehlen."
Arbeitsgemeinschaft Jugendliteratur und Medien der GEW

www.glueckschuh-verlag.de

MEHR VON DOROTHEA FLECHSIG

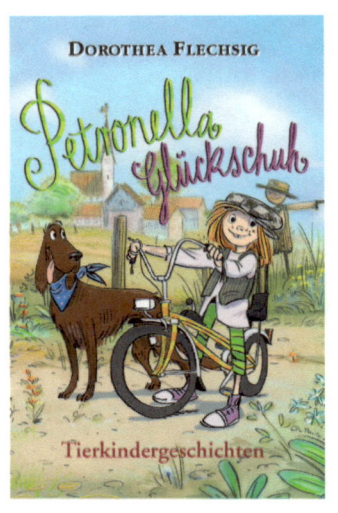

Petronella möchte, wenn sie groß ist, Tierforscherin werden. Bis es soweit ist, fängt sie einfach schon damit an. So erlebt Petronella viele Abenteuer mit Tieren. Ihre Heldentaten bringen sie oft in schwierige Situationen. Es ist gar nicht so leicht, Stallhasen zu retten, Waschbären zu erziehen, Eichhörnchen zu zähmen und den Eltern klar zu machen, dass ein wahrer Tierfreund oft viel riskieren muss.

Alle Bücher sind farbig illustriert und auch als Hörbuch, gelesen von Kornelia Boje, erhältlich.

Petronella verkörpert all das, was vielen Kindern gemein ist, sie wollen selbständig, frei und ungebunden sein, nicht immer nur zur Schule gehen müssen, sondern die Welt entdecken. Sehr empfehlenswert. Arbeitsgemeinschaft Jugend-literatur und Medien der GEW

Von Stiftung Lesen empfohlen.

Die unterhaltsamen Erkundungen des frechen Wirbelwinds animieren Kinder, die Natur und ihre Lebewesen zu erforschen. Mit ihren ungewöhnlichen Entdeckungen schafft es Petronella, Großes im Kleinen verständlich aufzuzeigen. LandKIND

Petronella Glückschuh – Tierkindergeschichten
Hardcover ISBN 978-3-943030-01-3,   12,95 €
Taschenbuch ISBN 978-3-943030-54-9, 5,95 €
Audio-CD ISBN 978-3-00-033046-9,   9,95 €

Petronella Glückschuh – Naturforschergeschichten
Hardcover
ISBN 978-3-943030-23-5
12,95 €
Taschenbuch
ISBN 978-3-943030-55-6
5,95 €
Audio-CD
ISBN 978-3-943030-05-1
9,95 €

Petronella Glückschuh – Tierfreundschaftsgeschichten
Hardcover
ISBN 978-3-943030-50-1
12,95 €
Audio-CD
ISBN 978-3-943030-56-3
9,95 €

Nach einer wahren Geschichte.

In dem Dörfchen Kampehl lebte vor gut dreihundert Jahren der Ritter Kahlbutz. Seine Mumie könnt ihr heute noch in der Dorfkirche sehen ... Tagesspiegel

In dem spannenden Buch wird die Dörrleiche putzmunter. Ihr habt garantiert Spaß beim Lesen!
    Märkische Allgemeine

In der Geschichte für Jungen und Mädchen ab acht Jahren geht es um Freundschaft, Vergebung, Zusammenhalt, Werte und Abenteuer.
    Neue Presse Coburg

Eine heitere Geschichte um Toleranz und Miteinander. Flechsig lässt der Fantasie der Kinder freien Lauf.
    Kyritzer Tageszeitung

Ritter Kahlbutz – Besuch aus der Vergangenheit
178 Seiten Hardcover
ISBN 978-3-943030-40-2

Hörbuch-Box 210 min
Gelesen von Jaron Löwenberg
ISBN 978-3-943030-47-1, 12,95 €